Impressum
Verlag: BABADADA GmbH, Nedderfeld 112 , 22529 Hamburg
Geschäftsführer / Verlagsleitung: Harald Hof
Druck: Books on Demand GmbH, In de Tarpen 42, 22848 Norderstedt

Imprint
Publisher: BABADADA GmbH, Nedderfeld 112 , 22529 Hamburg, Germany
Managing Director / Publishing direction: Harald Hof
Print: Books on Demand GmbH, In de Tarpen 42, 22848 Norderstedt

school
escuela

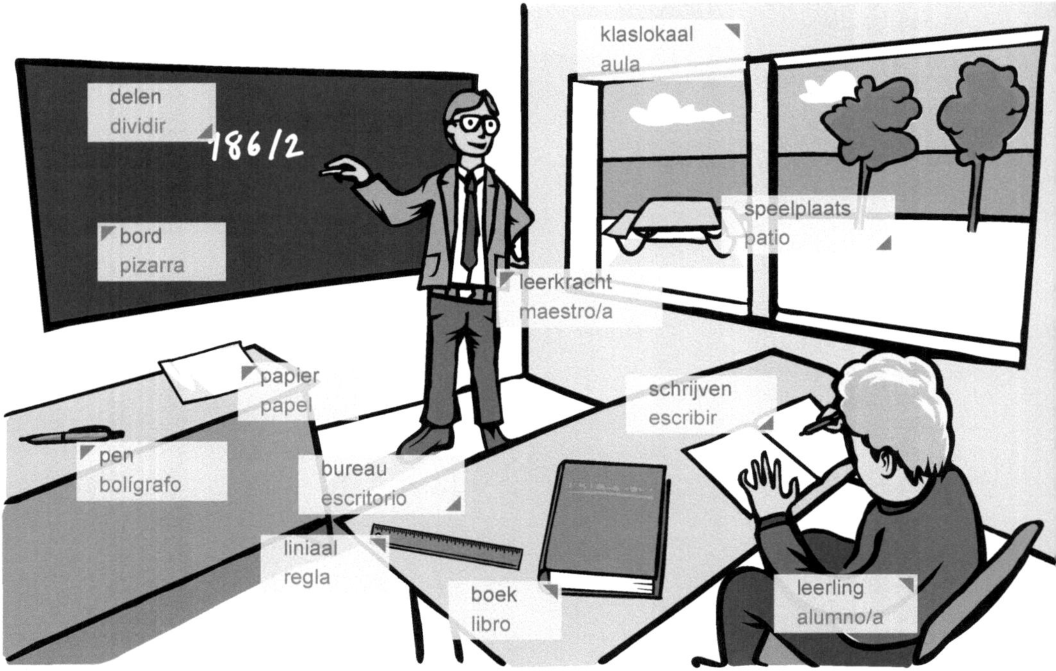
klaslokaal
aula
delen
dividir
186/2
bord
pizarra
speelplaats
patio
leerkracht
maestro/a
papier
papel
schrijven
escribir
pen
bolígrafo
bureau
escritorio
liniaal
regla
boek
libro
leerling
alumno/a

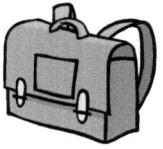

schooltas
cartera

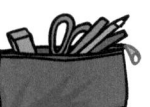

pennenzak
caja de lápices

potlood
lápiz

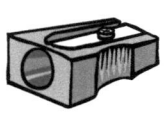

puntenslijper
sacapuntas

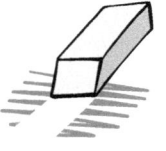

gom
goma de borrar

tekenblok
cuaderno de dibujo

tekening

dibujo

verfborstel

pincel

verfdoos

caja de pinturas

schaar

tijeras

lijm

pegamento

werkboek

cuaderno de ejercicios

huiswerk

deberes

nummer

número

optellen

sumar

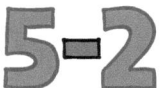

aftrekken

restar

vermenigvuldigen

multiplicar

rekenen

calcular

letter

letra

alfabet

alfabeto

woord

palabra

tekst

texto

Lezen

leer

krijt

tiza

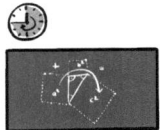

les

lección

klassenboek

cuaderno de notas

examen

examen

certificaat

certificado

schooluniform

uniforme escolar

onderwijs

educación

encyclopedie

enciclopedia

universiteit

universidad

microscoop

microscopio

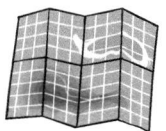

kaart

mapa

papiermand

papelera

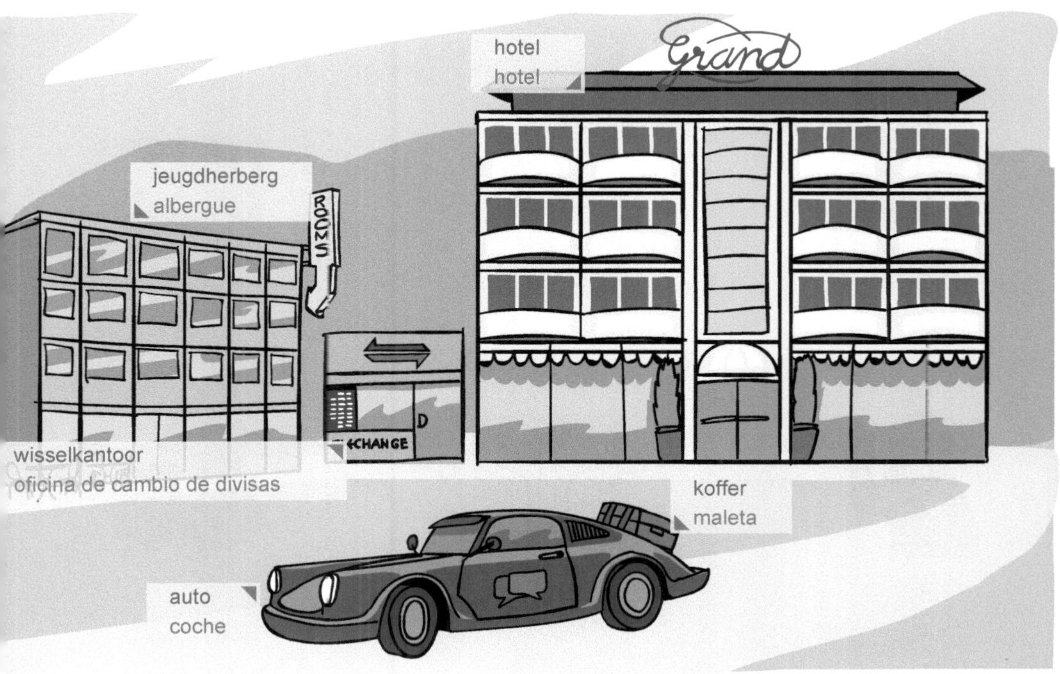

hotel
hotel
Grand
jeugdherberg
albergue
ROOMS
EXCHANGE
wisselkantoor
oficina de cambio de divisas
koffer
maleta
auto
coche

Taal

idioma

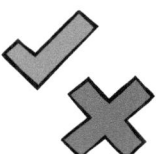

ja / nee

sí / no

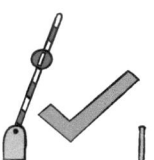

oké

Vale

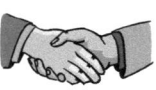

hallo

hola

vertaler

traductor

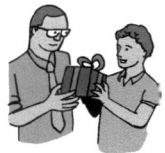

bedankt

Gracias

Hoeveel kost …?

¿cuánto es...?

Ik begrijp het niet

No entiendo

probleem

problema

Goedenavond!

¡Buenas tardes!

Goedemorgen!

¡Buenos días!

Goedenavond!

¡Buenas noches!

Tot ziens

adiós

richting

dirección

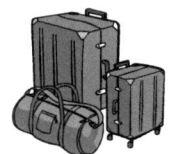

bagage

equipaje

zak

bolsa

rugzak

mochila

gast

invitado

kamer

habitación

slaapzak

saco de dormir

tent

tienda de campaña

toeristeninformatie

información turística

strand

playa

kredietkaart

tarjeta de crédito

ontbijt

desayuno

lunch

almuerzo

avondeten

cena

ticket

billete

lift

ascensor

postzegel

sello

grens

frontera

douane

aduana

ambassade

embajada

visum

visa

paspoort

pasaporte

transport
transporte

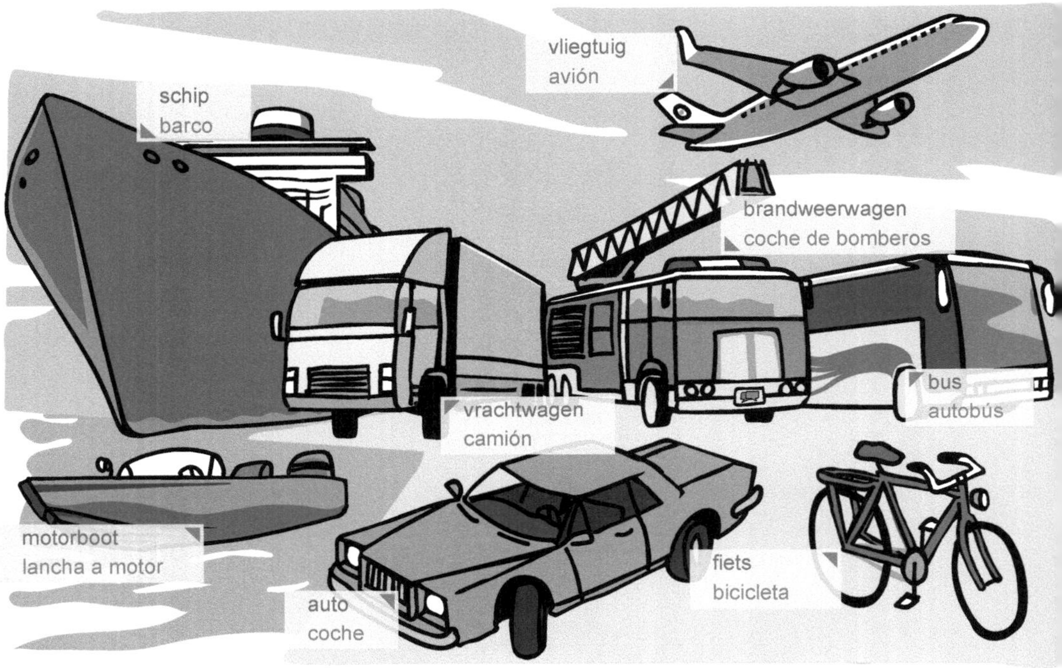
vliegtuig
avión
schip
barco
brandweerwagen
coche de bomberos
bus
autobús
vrachtwagen
camión
motorboot
lancha a motor
fiets
bicicleta
auto
coche

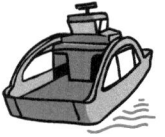

veerboot

transbordador

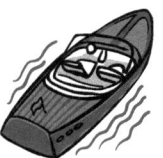

boot

barca

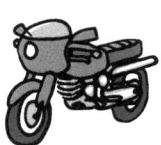

motor

moto

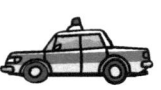

politiewagen

coche de policía

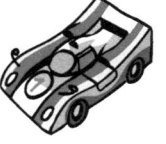

racewagen

coche de carreras

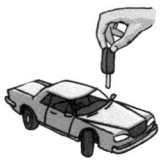

huurauto

coche de alquiler

carpoolen

préstamo de vehículos

sleepwagen

grúa

vuilniswagen

camión de la basura

motor

motor

benzine

gasolina

benzinestation

gasolinera

verkeersbord

señal de tráfico

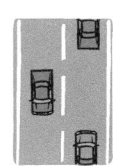

verkeer

tráfico

file

atasco

parkeerplaats

aparcamiento

station

estación de tren

sporen

vías

trein

tren

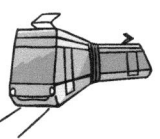

tram

tranvía

wagon

vagón

transport - transporte

helikopter

helicóptero

luchthaven

aeropuerto

toren

torre

passagier

pasajero

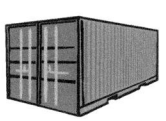

container

contenedor

karton

caja de cartón

kar

carretilla

mand

cesta

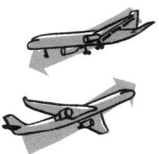

opstijgen / landen

despegar / aterrizar

stad
ciudad

dorp

pueblo

stadscentrum

centro de ciudad

huis

casa

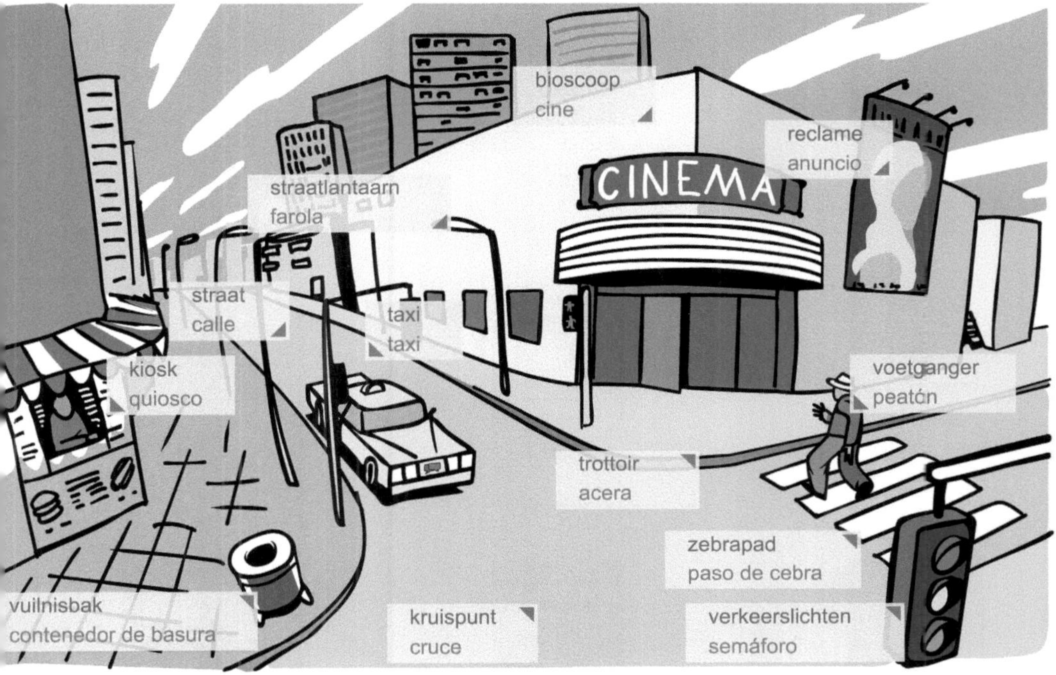

hut
cabaña

woning
apartamento

station
estación de tren

stadshuis
ayuntamiento

museum
museo

school
escuela

universiteit

universidad

bank

banco

ziekenhuis

hospital

hotel

hotel

apotheek

farmacia

kantoor

oficina

boekwinkel

librería

winkel

tienda

bloemenwinkel

floristería

supermarkt

supermercado

markt

mercado

warenhuis

grandes almacenes

vishandelaar

pescadería

winkelcentrum

centro comercial

haven

puerto

park
parque

bank
banco

brug
puente

trap
escaleras

metro
metro

tunnel
túnel

bushalte
parada de autobús

bar
bar

restaurant
restaurante

brievenbus
buzón

straatnaambord
poste indicador

parkeermeter
parquímetro

zoo
zoo

zwembad
piscina

moskee
mezquita

boerderij
granja

milieuverontreiniging
contaminación

kerkhof
cementerio

kerk
iglesia

speelplaats
patio de juego

tempel
templo

landschap
paisaje

blad
hoja

wegwijzer
señal

weg
camino

weide
prado

steen
piedra

wandelaar
excursionista

boom
árbol

rivier
río

gras
hierba

bloem
flor

vallei

valle

heuvel

colina

meer

lago

bos

bosque

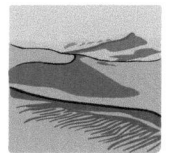

woestijn

desierto

vulkaan

volcán

kasteel

castillo

regenboog

arcoíris

paddenstoel

champiñón

palmboom

palmera

mug

mosquito

vlieg

mosca

mier

hormiga

bijl

abeja

spin

araña

landschap - paisaje

15

kever

escarabajo

kikker

rana

eekhoorn

ardilla

egel

erizo

haas

liebre

uil

lechuza

vogel

pájaro

zwaan

cisne

wild zwijn

jabalí

hert

ciervo

eland

alce

dam

presa

windturbine

turbina eólica

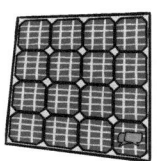

zonnepaneel

panel solar

klimaat

clima

restaurant
restaurante

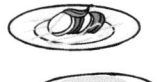

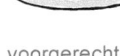

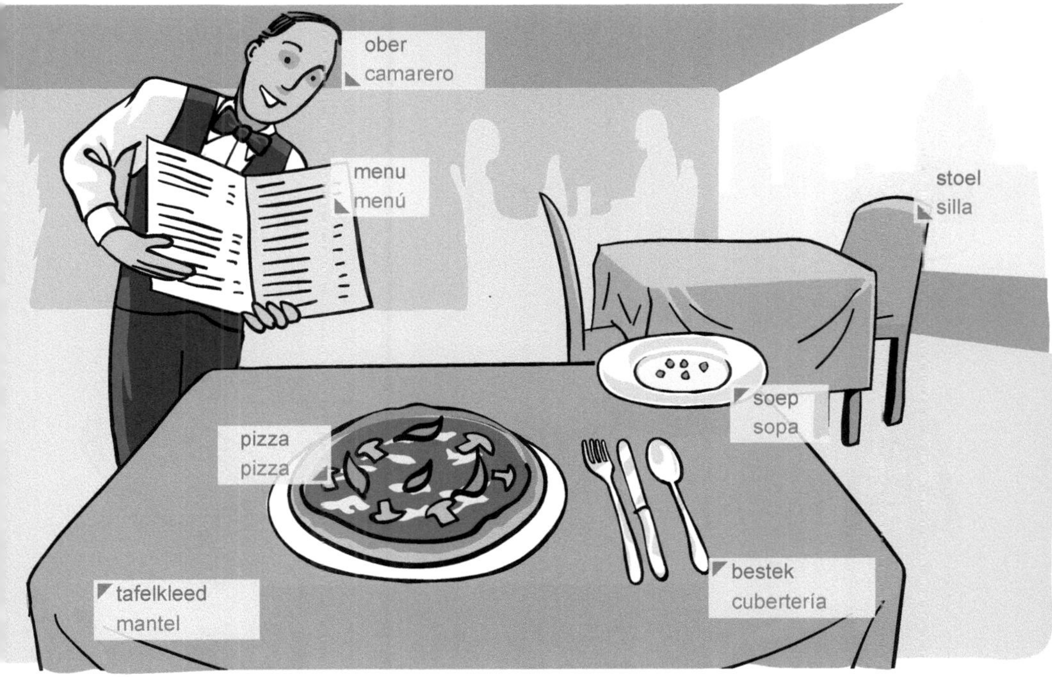

ober
camarero
menu
menú
stoel
silla
soep
sopa
pizza
pizza
bestek
cubertería
tafelkleed
mantel

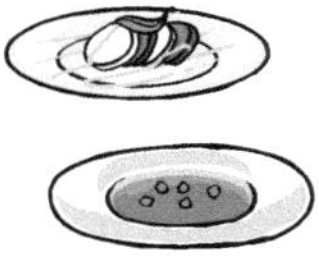

voorgerecht

primer plato

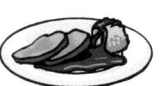

hoofdgerecht

plato principal

nagerecht

postre

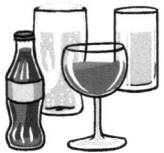

drankjes

bebidas

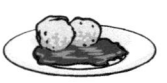

eten

comida

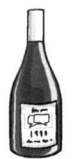

fles

botella

fastfood

comida rápida

street food

comida callejera

theepot

tetera

suikerpot

azucarero

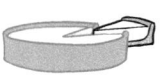

portie

porción

espressomachine

cafetera expreso

kinderstoel

trona

rekening

cuenta

dienblad

bandeja

mes

cuchillo

vork

tenedor

lepel

cuchara

theelepel

cucharilla

serviette

servilleta

glas

vaso

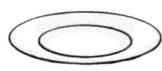

bord
plato

soepbord
plato hondo

schoteltje
platillo

saus
salsa

zoutvatje
salero

pepermolen
molinillo de pimienta

azijn
vinagre

olie
aceite

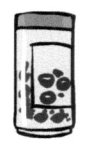

kruiden
especias

ketchup
ketchup

mosterd
mostaza

mayonaise
mayonesa

supermarkt
supermercado

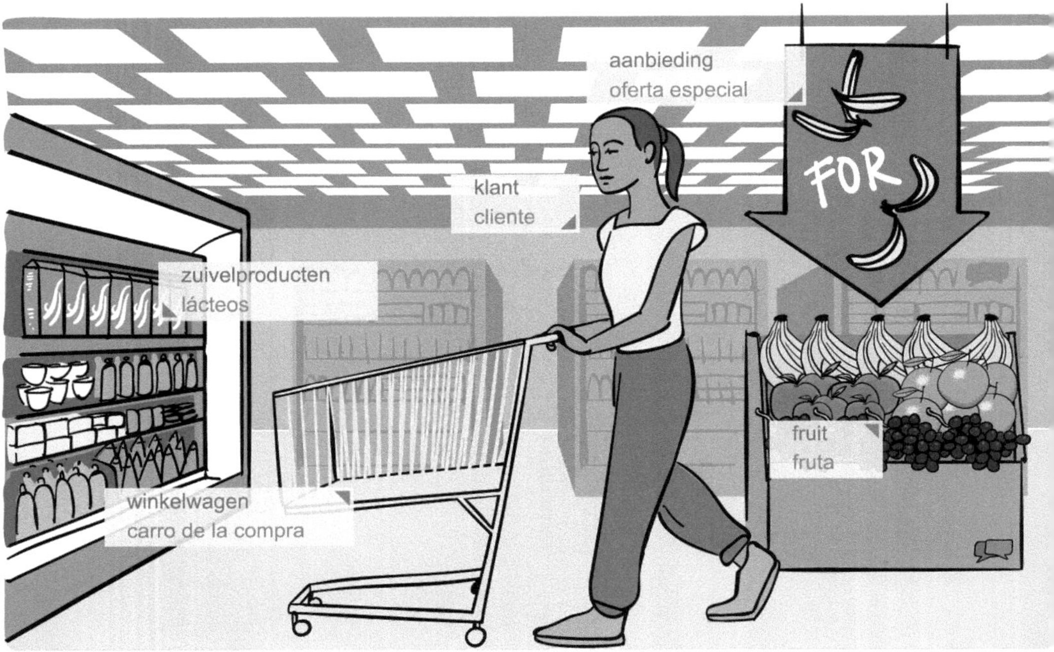

aanbieding
oferta especial
klant
cliente
FOR
zuivelproducten
lácteos
fruit
fruta
winkelwagen
carro de la compra

BUTCHERS

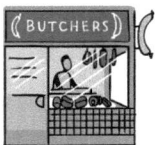

slagerij

carnicería

BAKERY

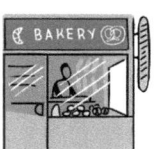

bakkerij

panadería

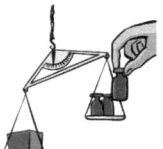

wegen

pesar

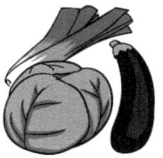

groenten

verduras

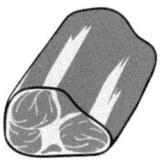

vlees

carne

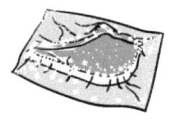

diepvriesvoedsel

alimentos congelados

charcuterie

fiambres

conserven

conservas

waspoeder

detergente en polvo

snoep

dulces

huishoudproducten

productos de uso doméstico

schoonmaakproducten

productos de limpieza

verkoopster

vendedora

kassa

caja

kassier

cajero

boodschappenlijstje

lista de la compra

openingstijden

horario de atención al público

portefeuille

cartera

kredietkaart

tarjeta de crédito

tas

bolsa

plastieken zakje

bolsa de plástico

water
agua

sap
zumo

melk
leche

cola
cola

wijn
vino

bier
cerveza

alcohol
alcohol

cacao
cacao

thee
té

koffie
café

espresso
expreso

cappuccino
capuchino

banaan

plátano

appel

manzana

sinaasappel

naranja

meloen

melón

citroen

limón

wortel

zanahoria

knoflook

ajo

bamboe

bambú

ajuin

cebolla

champignon

champiñón

noten

avellanas

noodles

fideos

spaghetti

espagueti

rijst

arroz

salade

ensalada

frieten

patatas fritas

gebakken aardappelen

patatas fritas

pizza

pizza

hamburger

hamburguesa

sandwich

sándwich

kalfslapje

filete

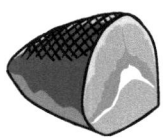

ham

jamón

salami

salami

worst

salchicha

kip

pollo

braden

asado

vis

pescado

havervlokken

copos de avena

muesli

muesli

cornflakes

copos de maíz

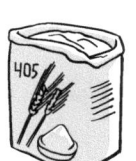

bloem

harina

croissant

cruasán

pistolet

panecillo

brood

pan

toast

tostada

koekjes

galletas

boter

mantequilla

kwark

cuajada

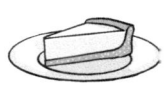

taart

pastel

ei

huevo

spiegelei

huevo frito

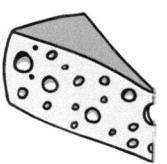

kaas

queso

ijs

helado

suiker

azúcar

honing

miel

confituur

mermelada

choco

crema de turrón

curry

curry

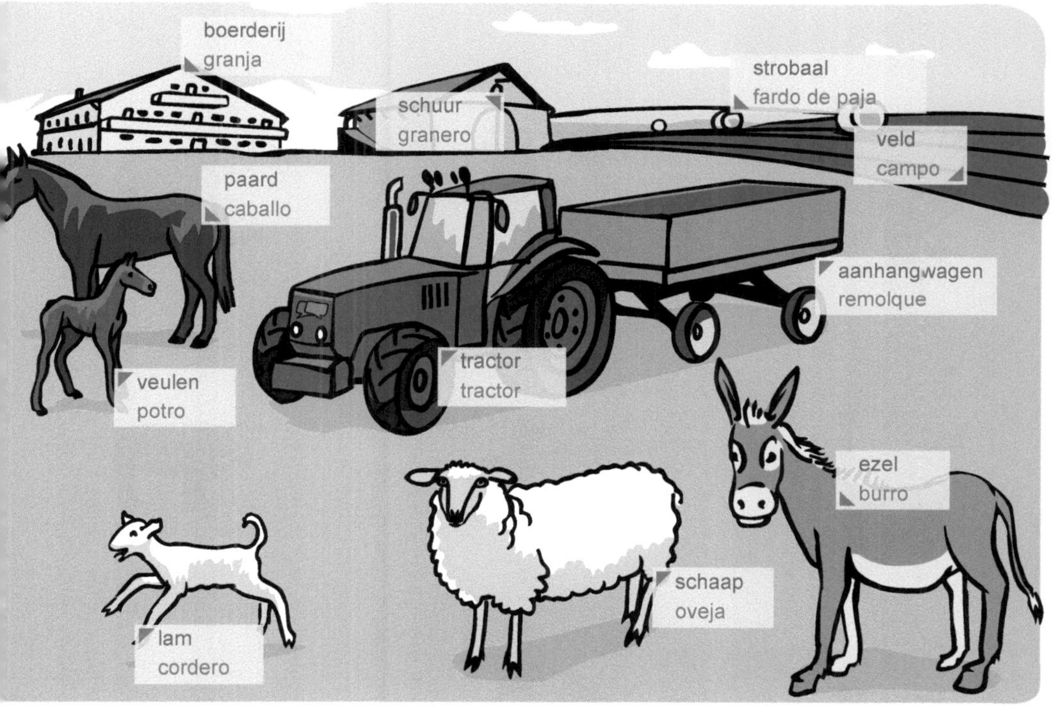

boerderij
granja

schuur
granero

strobaal
fardo de paja

veld
campo

paard
caballo

aanhangwagen
remolque

veulen
potro

tractor
tractor

ezel
burro

lam
cordero

schaap
oveja

geit

cabra

koe

vaca

kalf

ternero

varken

cerdo

biggetje

cerdito

stier

toro

gans

ganso

eend

pato

kuiken

pollo

kip

gallina

haan

gallo

rat

rata

kat

gato

muis

ratón

os

buey

hond

perro

hondenhok

perrera

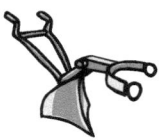

tuinslang

manguera

gieter

regadera

zeis

guadaña

ploeg

arado

boerderij - granja

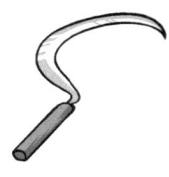

sikkel

hoz

schoffel

azada

hooivork

horca

bijl

hacha

kruiwagen

carretilla

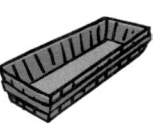

trog

abrevadero

melkkan

lechera

zak

saco

hek

valla

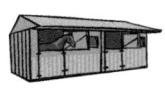

stal

establo

broeikas

invernadero

bodem

suelo

zaad

semilla

mest

fertilizador

maaidorser

cosechadora

oogsten

cosechar

oogst

cosecha

yam

ñame

tarwe

trigo

soja

soja

aardappel

patata

maïs

maíz

koolzaad

semilla de colza

fruitboom

árbol frutal

maniok

mandioca

graan

cereales

huis
casa

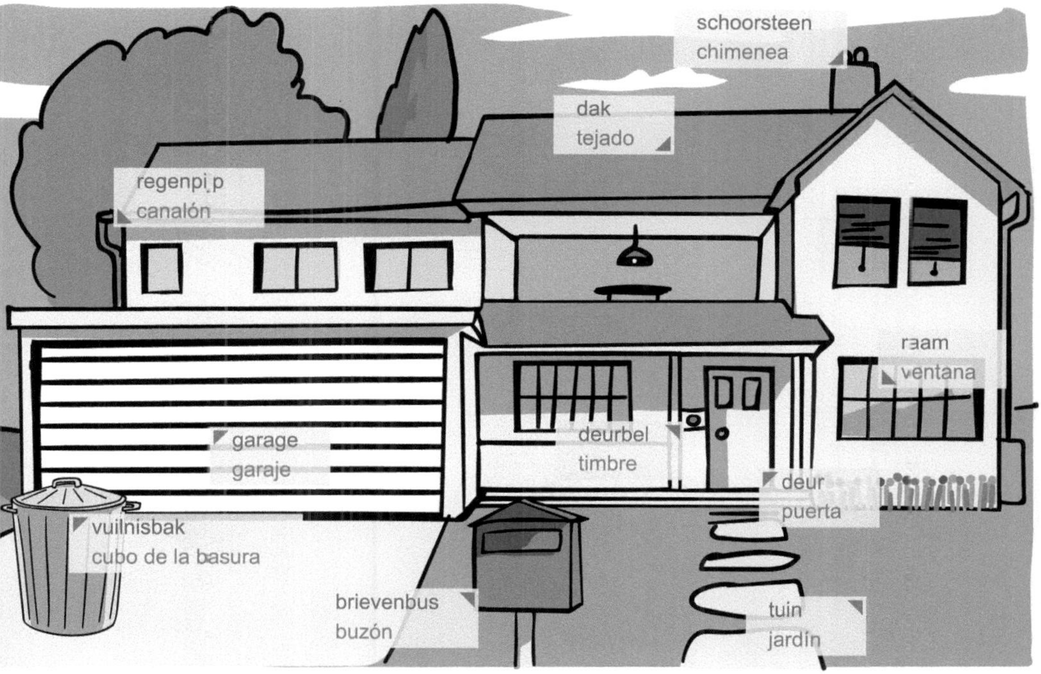
schoorsteen
chimenea
dak
tejado
regenpijp
canalón
raam
ventana
garage
garaje
deurbel
timbre
deur
puerta
vuilnisbak
cubo de la basura
brievenbus
buzón
tuin
jardín

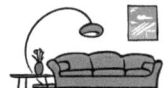

woonkamer

sala

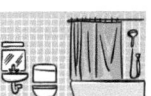

badkamer

cuarto de baño

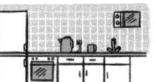

keuken

cocina

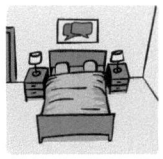

slaapkamer

dormitorio

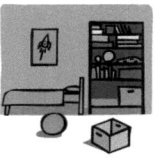

kinderkamer

habitación de los niños

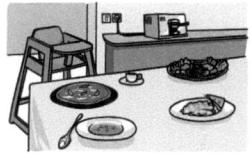

eetkamer

comedor

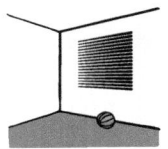

vloer

suelo

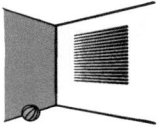

muur

pared

plafond

techo

kelder

sótano

sauna

sauna

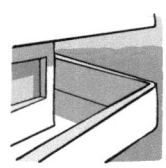

balkon

balcón

terras

terraza

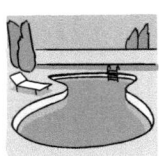

zwembad

piscina

grasmaaier

cortacésped

dekbedovertrek

sábana

dekbed

colcha

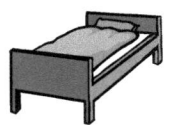

bed

cama

bezem

escoba

emmer

balde

schakelaar

interruptor

woonkamer
sala

behangpapier
papel pintado
foto
imagen
lamp
lámpara
schap
estante
kast
armario
televisie
televisión
open haard
chimenea
bloem
flor
kussen
cojín
sofa
sofá
vaas
jarrón
afstandsbediening
mando a distancia

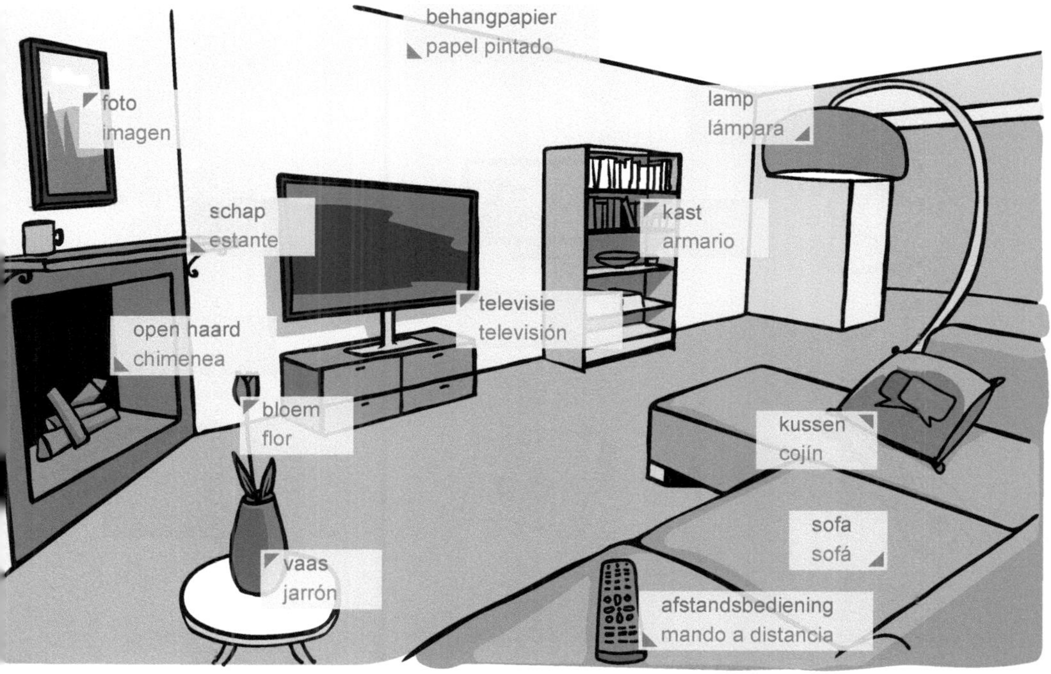

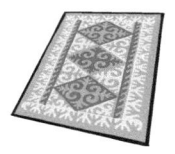

mat

alfombra

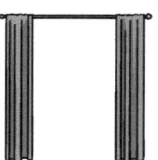

gordijn

cortina

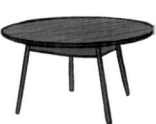

tafel

mesa

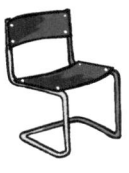

stoel

silla

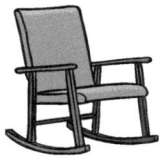

schommelstoel

mecedora

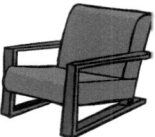

fauteuil

butaca

boek

libro

deken

manta

decoratie

decoración

brandhout

leña

film

película

stereo-installatie

equipo de música

sleutel

llave

krant

periódico

schilderij

pintura

poster

póster

radio

radio

notitieboekje

cuaderno

stofzuiger

aspiradora

cactus

cactus

kaars

vela

keuken
cocina

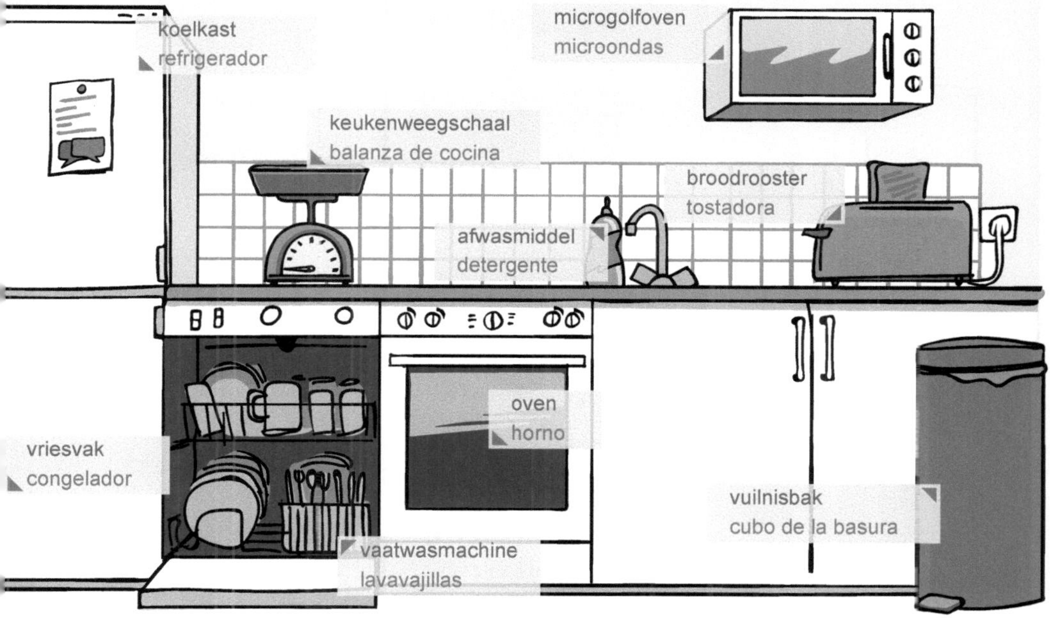

koelkast
refrigerador
microgolfoven
microondas
keukenweegschaal
balanza de cocina
broodrooster
tostadora
afwasmiddel
detergente
oven
horno
vriesvak
congelador
vuilnisbak
cubo de la basura
vaatwasmachine
lavavajillas

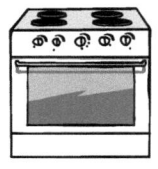

fornuis

olla a presión

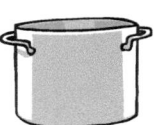

pot

olla

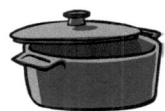

gietijzeren pot

olla de hierro fundido

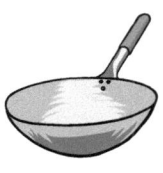

wok / kadai

wok / karahi

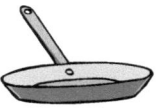

pan

cazuela

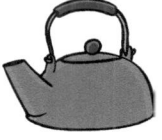

waterkoker

hervidor

stoomkoker

vaporera

bakplaat

chapa de horno

servies

vajilla

mok

taza

kom

tazón

eetstokjes

palillos

pollepel

cucharón

spatel

espumadera

garde

batidor

vergiet

colador

zeef

cedazo

rasp

rallador

mortier

mortero

barbecue

barbacoa

haardvuur

hoguera

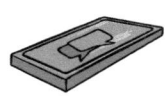

snijplank

tabla de picar

deegrol

rodillo

kurkentrekker

sacacorchos

blik

lata

blikopener

abrelatas

pannenlap

agarrador

gootsteen

lavabo

borstel

cepillo

spons

esponja

blender

batidora

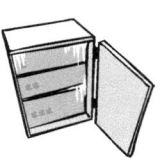

vriezer

congelador

papfles

biberón

kraan

grifo

badkamer
cuarto de baño

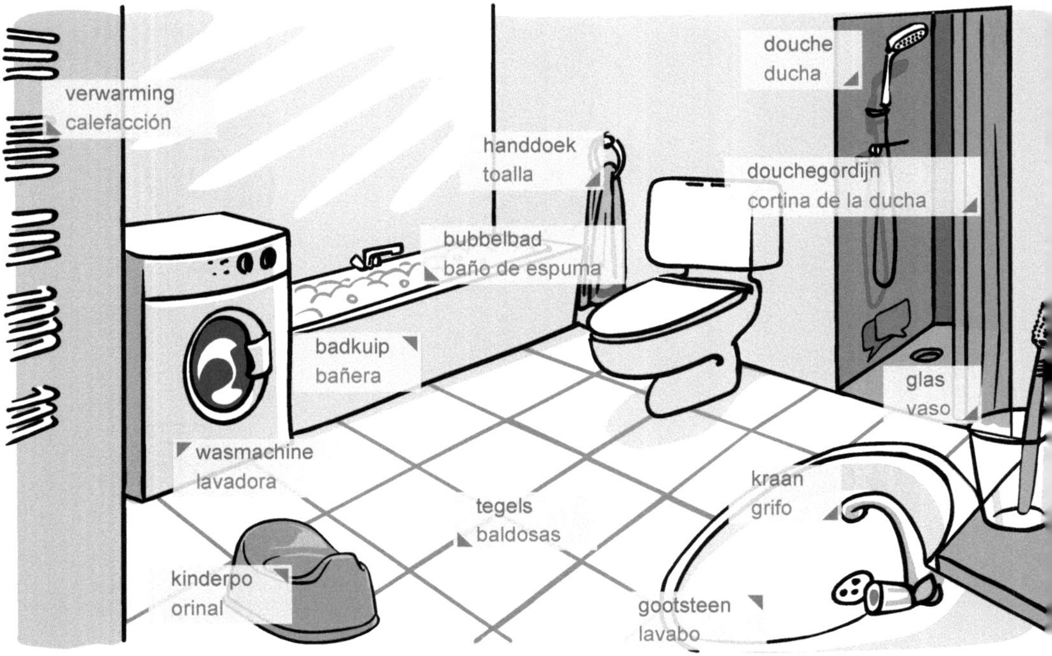

verwarming
calefacción
douche
ducha
handdoek
toalla
douchegordijn
cortina de la ducha
bubbelbad
baño de espuma
badkuip
bañera
glas
vaso
wasmachine
lavadora
kraan
grifo
tegels
baldosas
kinderpo
orinal
gootsteen
lavabo

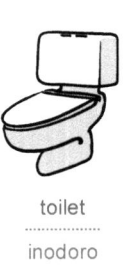

toilet

inodoro

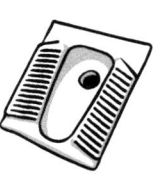

hurktoilet

inodoro rústico

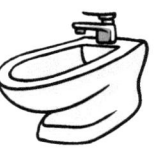

bidet

bidé

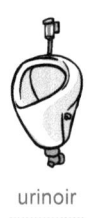

urinoir

urinario

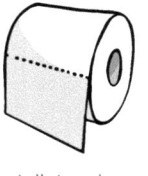

toiletpapier

papel higiénico

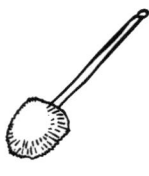

toiletborstel

escobilla del váter

tandenborstel

cepillo de dientes

tandpasta

pasta de dientes

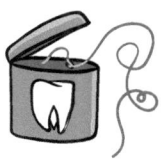

flosdraad

hilo dental

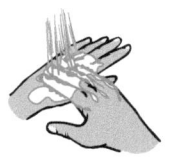

wassen

lavar

handdouche

ducha de mano

bidethanddouche

ducha íntima

waskom

pila

rugborstel

cepillo de espalda

zeep

jabón

douchegel

gel de ducha

shampoo

champú

washandje

toallita

afvoer

desagüe

crème

crema

deodorant

desodorante

spiegel

espejo

handspiegel

espejo de tocador

scheermes

maquinilla de afeitar

scheerschuim

espuma de afeitar

aftershave

loción postafeitado

kam

peine

borstel

cepillo

haardroger

secador

haarlak

laca

make-up

maquillaje

lippenstift

pintalabios

nagellak

pintauñas

watten

algodón

nagelknipper

cortauñas

parfum

perfume

badkamer - cuarto de baño

toilettas

estuche de viaje

kruk

banqueta

weegschaal

balanza

badjas

albornoz

latex handschoenen

guantes de goma

tampon

tampón

maandverband

compresa

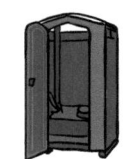

chemisch toilet

inodoro químico

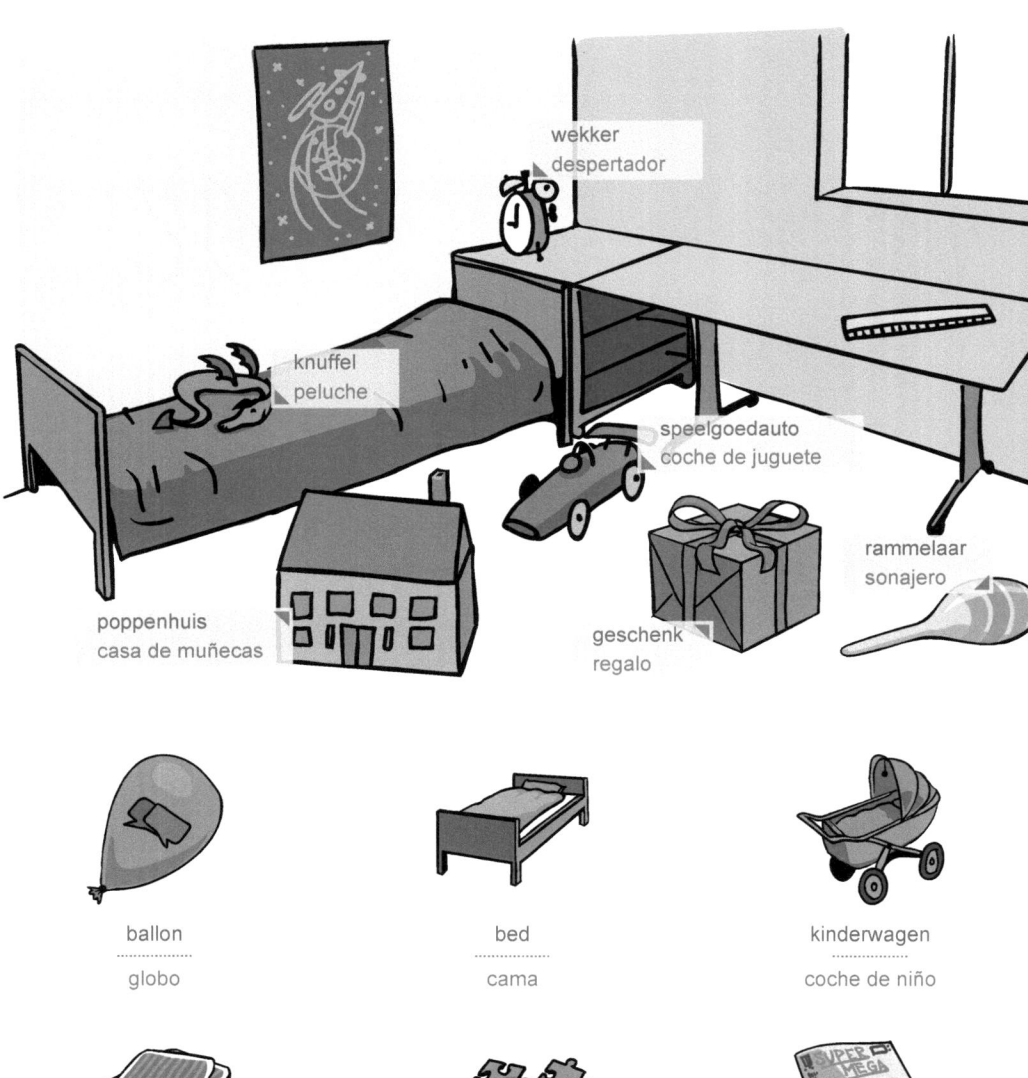

wekker
despertador

knuffel
peluche

speelgoedauto
coche de juguete

rammelaar
sonajero

poppenhuis
casa de muñecas

geschenk
regalo

ballon
globo

bed
cama

kinderwagen
coche de niño

spel kaarten
naipes

puzzel
puzle

stripboek
tebeo

legoblokjes

piezas de lego

blokken

bloques de juguete

actiefiguur

figura de acción

kruippakje

bodi (de bebé)

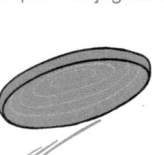

frisbee

frisbee

mobiel

colgador móvil para bɘbés

bordspel

juego de mesa

dobbelsteen

dados

modelspoorweg

circuito de tren eléctico

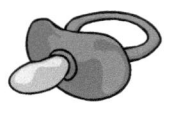

fopspeen

maniquí

feest

fiesta

prentenboek

álbum de fotos

bal

pelota

pop

muñeca

spelen

jugar

zandbak

cajón de arena

schommel

columpio

speelgoed

juguetes

spelconsole

videoconsola

driewieler

triciclo

knuffelbeer

oso de peluche

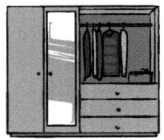

kleerkast

guardarropa

kleding

ropa

sokken

calcetines

kousen

medias

maillot

leotardos

sjaal
bufanda

riem
cinturón

paraplu
paraguas

T-shirt
camiseta

sneakers
deportivas

laarzen
botas

slippers
zapatillas

sandalen
....
sandalias

schoenen
....
zapatos

rubberlaarzen
....
botas de goma

onderbroek
....
slip

beha
....
sostén

onderhemd
....
chaleco

lichaam
bodi

broek
pantalones

jeans
vaqueros

rok
falda

blouse
blusa

hemd
camisa

trui
jersey

capuchontrui
suéter

blazer
blazer

jas
chaqueta

jas
abrigo

regenjas
gabardina

kostuum
traje

jurk
vestido

trouwjurk
vestido de novia

pak
....
traje

nachthemd
....
camisón

pyjama
....
pijama

sari
....
sari

hoofddoek
....
bandana

tulband
....
turbante

boerka
....
burka

kaftan
....
caftán

abaya
....
abaya

badpak
....
traje de baño

zwembroek
....
bañador

short
....
pantalones cortos

trainingspak
....
chándal

schort
....
delantal

handschoenen
....
guantes

knoop

botón

bril

gafas

armband

brazalete

ketting

collar

ring

anillo

oorbel

pendiente

pet

gorra

kapstok

percha

hoed

sombrero

das

corbata

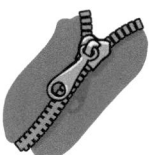

rits

cremallera

helm

casco

bretellen

tirantes

schooluniform

uniforme escolar

uniform

uniforme

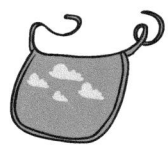

slabbetje

babero

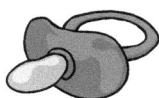

fopspeen

maniquí

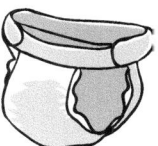

luier

pañal

kantoor
oficina

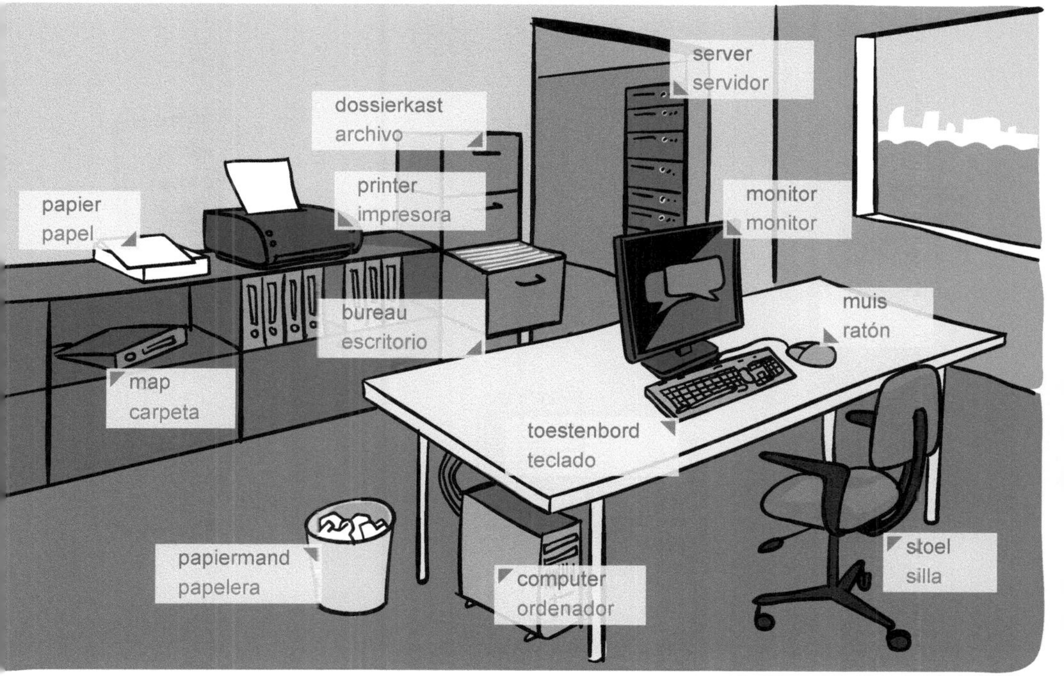
server
servidor
dossierkast
archivo
printer
impresora
papier
papel
monitor
monitor
muis
ratón
bureau
escritorio
map
carpeta
toestenbord
teclado
papiermand
papelera
computer
ordenador
stoel
silla

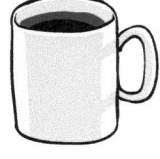

koffiemok

taza de café

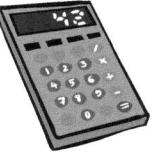

rekenmachine

calculadora

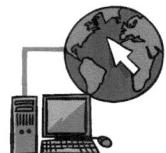

internet

internet

laptop

portátil

brief

carta

bericht

mensaje

gsm

móvil

netwerk

red

kopieerapparaat

fotocopiadora

software

software

telefoon

teléfono

stopcontact

toma de corriente

fax

fax

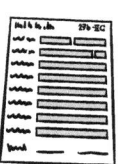

formulier

formulario

document

documento

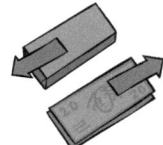

kopen

comprar

betalen

pagar

handelen

comerciar

geld

dinero

dollar

dólar

euro

euro

yen

yen

roebel

rublo

Zwitserse frank

franco suizo

Chinese renminbi

renminbi yuan

roepie

rupia

geldautomaat

cajero automático

wisselkantoor

oficina de cambio de divisas

goud

oro

zilver

plata

olie

petróleo

energie

energía

prijs

precio

contract

contrato

belasting

impuesto

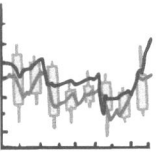

aandeel

acción

werken

trabajar

werknemer

empleado

werkgever

empleador

fabriek

fábrica

winkel

tienda

beroepen
oficios

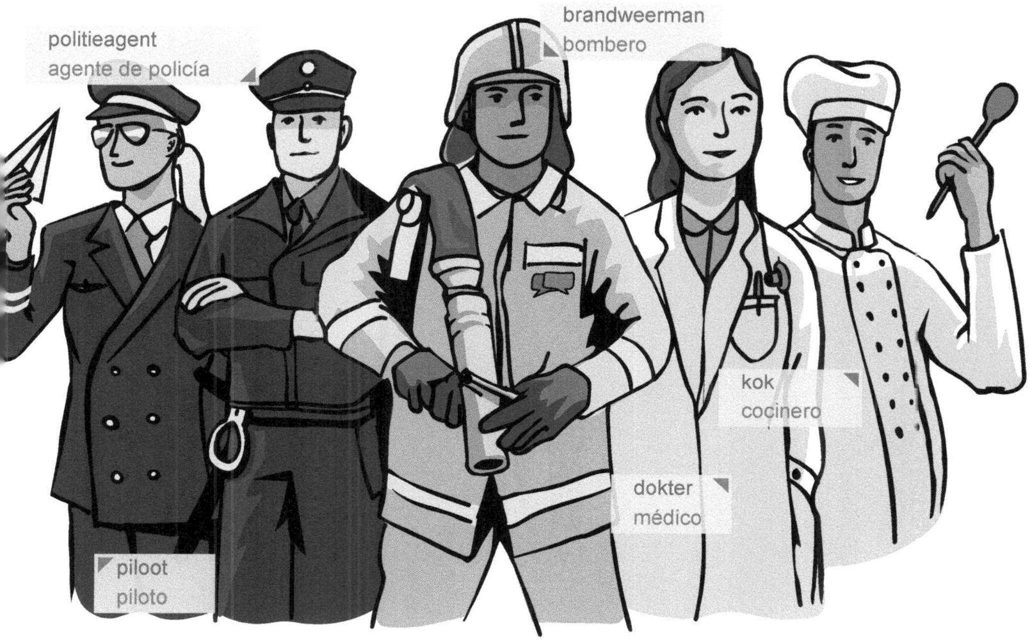
politieagent
agente de policía
brandweerman
bombero
kok
cocinero
dokter
médico
piloot
piloto

tuinman

jardinero

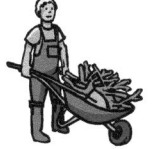

timmerman

carpintero

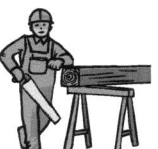

naaister

costurera

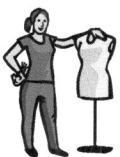

rechter

juez

chemicus

farmacéutico

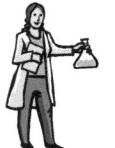

acteur

actor

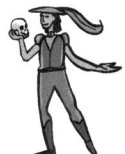

buschauffeur

conductor de autobús

taxichauffeur

taxista

visser

pescador

schoonmaakster

señora de la limpieza

dakdekker

techador

ober

camarero

jager

cazador

schilder

pintor

bakker

panadero

elektricien

electricista

bouwvakker

obrero

ingenieur

ingeniero

slager

carnicero

loodgieter

fontanero

postbode

cartero

soldaat

soldado

architect

arquitecto

kassier

cajero

bloemist

florista

kapper

peluquero

conducteur

revisor

mecanicien

mecánico

kapitein

capitán

tandarts

dentista

wetenschapper

científico

rabbijn

rabino

imam

imán

monnik

monje

geestelijke

sacerdote

werktuigen
herramientas

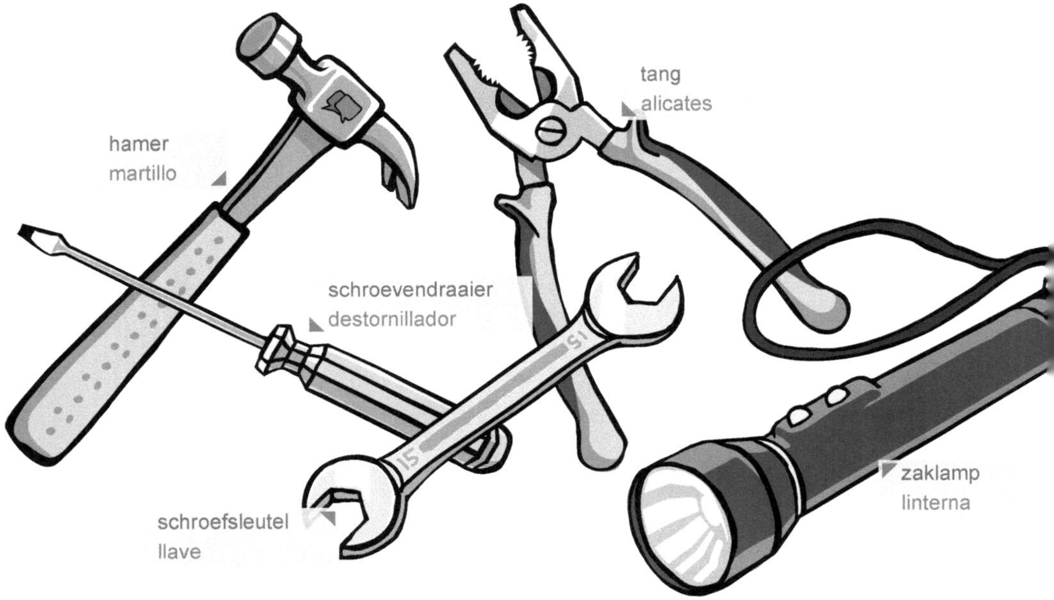
hamer
martillo
tang
alicates
schroevendraaier
destornillador
schroefsleutel
llave
zaklamp
linterna

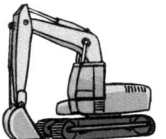

graafmachine

excavadora

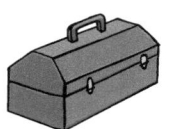

gereedschapskoffer

caja de herramientas

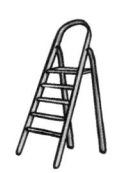

ladder

escalera de mano

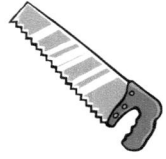

zaag

sierra

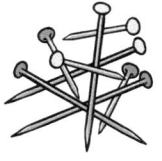

spijkers

clavos

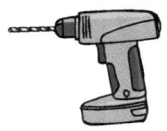

boormachine

taladro

repareren
reparar

schop
pala

Verdomme!
¡Maldita sea!

blik
recogedor

verfpot
bote de pintura

schroeven
tornillos

muziekinstrumenten
instrumentos musicales

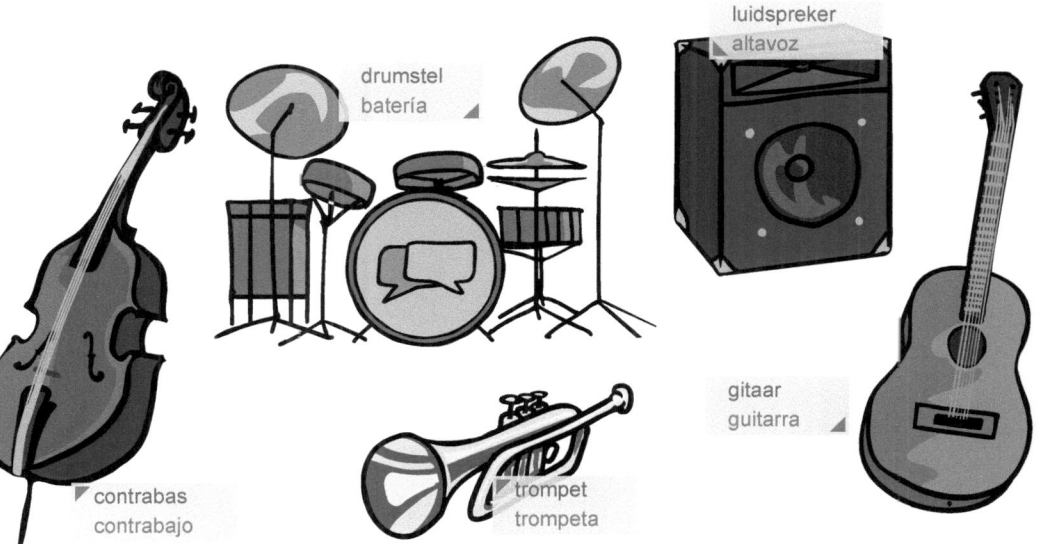

luidspreker
altavoz

drumstel
batería

gitaar
guitarra

contrabas
contrabajo

trompet
trompeta

piano

piano

viool

violín

basgitaar

bajo

pauk

timbales

trommels

tambor

keyboard

teclado

saxofoon

saxofón

fluit

flauta

microfoon

micrófono

muziekinstrumenten - instrumentos musicales

tijger
tigre

ingang
entrada

kooi
jaula

zebra
cebra

diereneten
pienso

panda
panda

dieren
animales

olifant
elefante

kangoeroe
canguro

neushoorn
rinoceronte

gorilla
gorila

beer
oso

kameel

camello

struisvogel

avestruz

leeuw

león

aap

mono

flamingo

flamingo

papegaai

loro

ijsbeer

oso polar

pinguïn

pingüino

haai

tiburón

pauw

pavo real

slang

serpiente

krokodil

cocodrilo

dierenverzorger

guardián de zoológico

zeehond

foca

jaguar

jaguar

ZOO - ZOO

pony
poni

luipaard
leopardo

nijlpaard
hipopótamo

giraffe
jirafa

adelaar
águila

wild zwijn
jabalí

vis
pescado

zeeschildpad
tortuga

walrus
morsa

vos
zorro

gazelle
gacela

rugby
fútbol americano

wielrennen
ciclismo

tennis
tenis

basketbal
baloncesto

zwemmen
natación

boksen
boxeo

ijshockey
hockey sobre hielo

voetbal
fútbol

badminton
bádminton

atletiek
atletismo

handbal
balonmano

skiën
esquí

polo
polo

activiteiten
actividades

lachen
reír
springen
saltar
knuffelen
abrazar
wandelen
caminar
zingen
cantar
dromen
soñar
bidden
rezar
kussen
besar

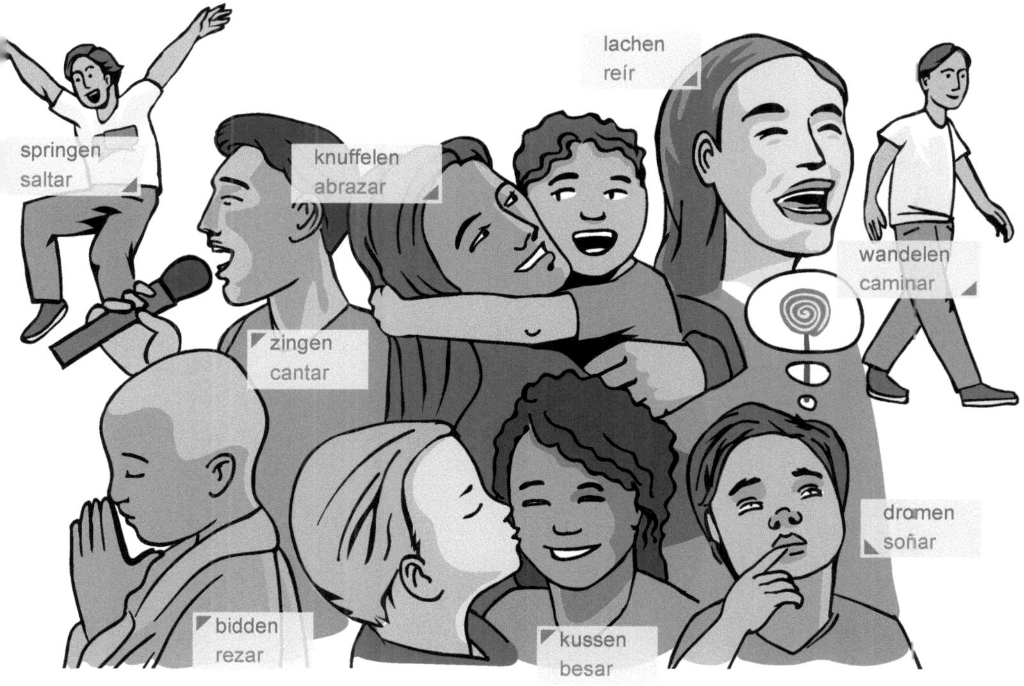

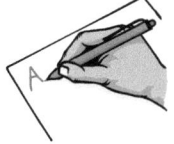

schrijven

escribir

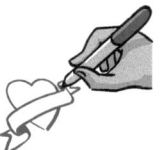

tekenen

dibujar

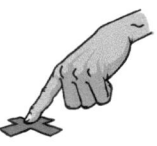

tonen

mostrar

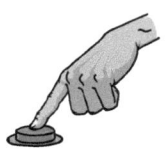

duwen

empujar

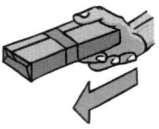

geven

dar

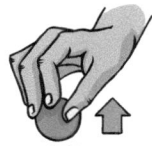

nemen

tomar

hebben
tener

doen
hacer

zijn
ser

staan
estar de pie

lopen
correr

trekken
tirar

gooien
tirar

vallen
caer

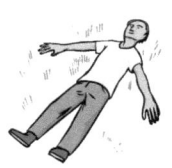

liggen
yacer

wachten
esperar

dragen
llevar

zitten
estar sentado

aankleden
vestirse

slapen
dormir

ontwaken
despertar

kijken naar

mirar

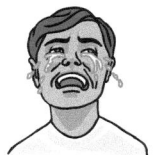

wenen

llorar

aaien

acariciar

kammen

peinar

praten

hablar

begrijpen

entender

vragen

preguntar

luisteren

escuchar

drinken

beber

eten

comer

opruimen

ordenar

houden van

amar

koken

cocinar

rijden

conducir

vliegen

volar

activiteiten - actividades

zeilen

navegar

rekenen

calcular

Lezen

leer

leren

aprender

werken

trabajar

trouwen

casarse

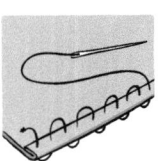

naaien

coser

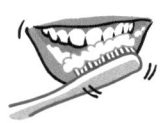

tandenpoetsen

cepillarse los dientes

doden

matar

roken

fumar

sturen

enviar

familie
familia

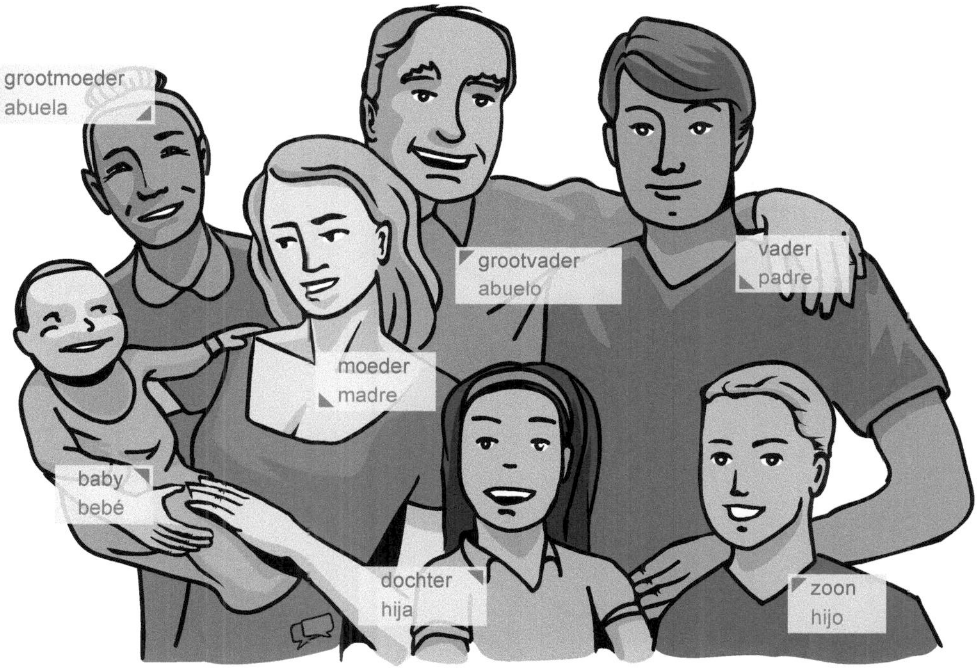
grootmoeder
abuela
grootvader
abuelo
vader
padre
moeder
madre
baby
bebé
dochter
hija
zoon
hijo

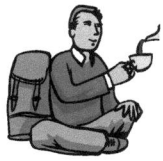

gast

invitado

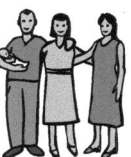

tante

tía

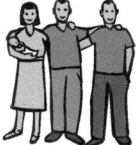

oom

tío

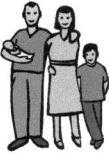

broer

hermano

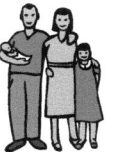

zus

hermana

lichaam
cuerpo

voorhoofd
frente
oog
ojo
schouder
hombro
vinger
dedo
gezicht
cara
kin
barbilla
hand
mano
borst
pecho
been
pierna
arm
brazo

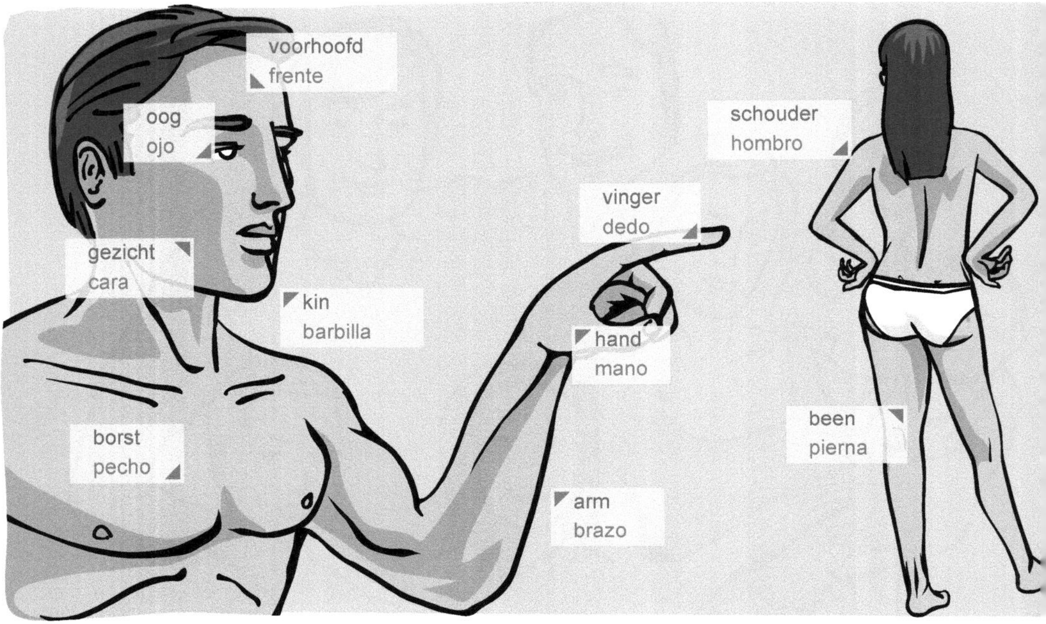

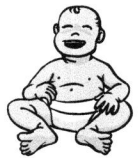

baby
bebé

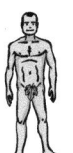

man
hombre

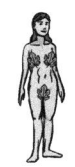

vrouw
mujer

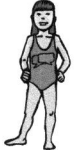

meisje
chica

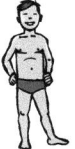

jongen
chico

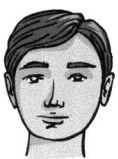

hoofd
cabeza

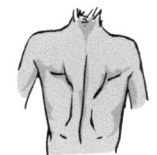

rug

espalda

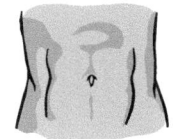

buik

vientre

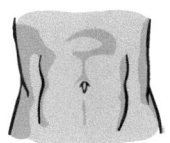

navel

ombligo

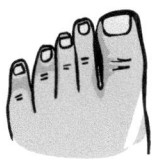

teen

dedo del pie

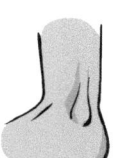

hiel

talón

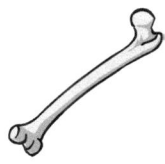

bot

hueso

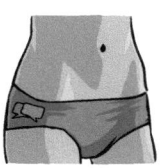

heup

cadera

knie

rodilla

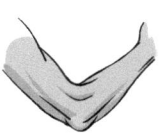

elleboog

codo

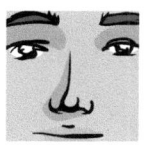

neus

nariz

zitvlak

trasero

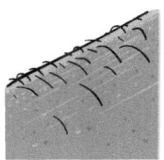

huid

piel

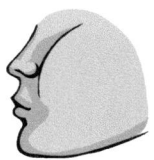

wang

mejilla

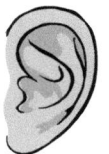

oor

oído

lip

labio

mond
boca

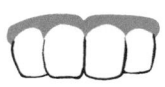

tand
diente

tong
lengua

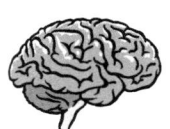

hersenen
cerebro

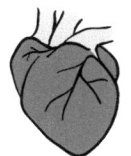

hart
corazón

spier
músculo

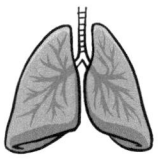

long
pulmón

lever
higado

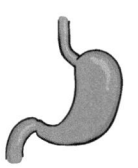

maag
estómago

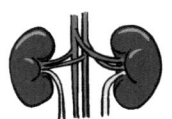

nieren
riñones

seks
sexo

condoom
condón

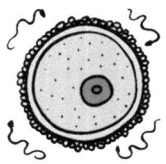

eicel
ovario

sperma
semen

zwangerschap
embarazo

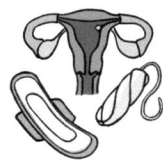

menstruatie

menstruación

vagina

vagina

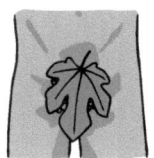

penis

pene

wenkbrauw

ceja

haar

pelo

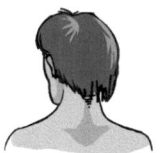

nek

cuello

ziekenhuis
hospital

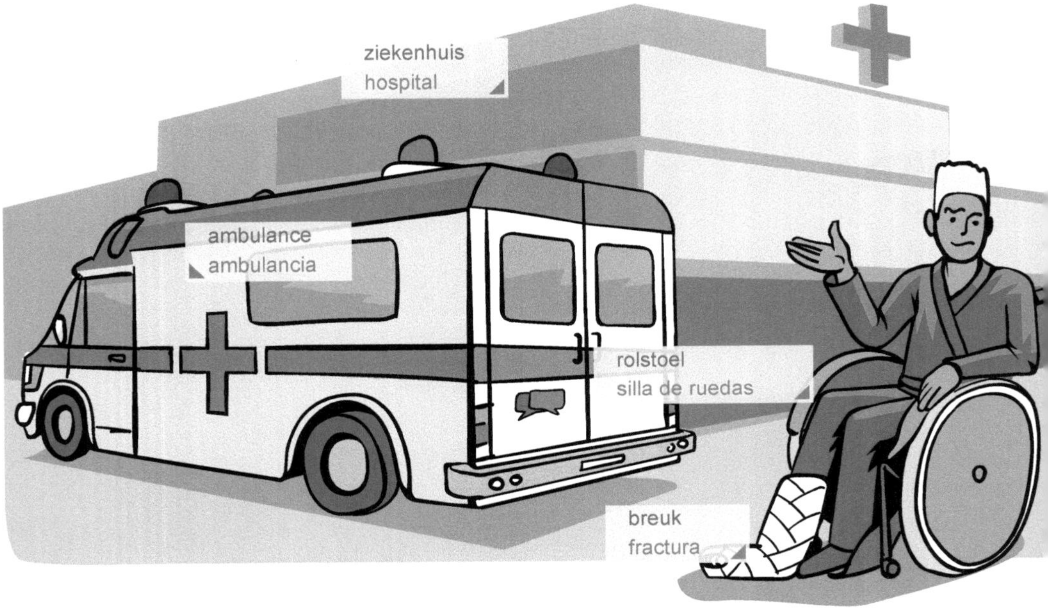

ziekenhuis
hospital
ambulance
ambulancia
rolstoel
silla de ruedas
breuk
fractura

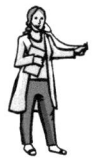

dokter

médico

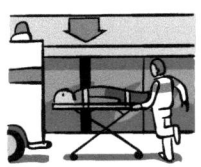

spoed

sala de urgencias

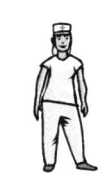

verpleegkundige

enfermera

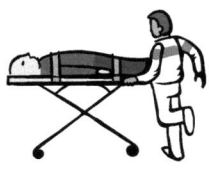

noodgeval

urgencia

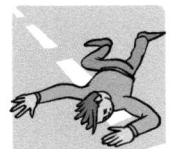

bewusteloos

inconsciente

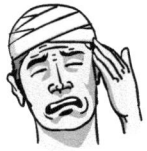

pijn

dolor

verwonding

lesión

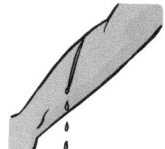

bloeding

hemorragia

hartaanval

infarto

beroerte

ictus

allergie

alergia

hoest

tos

koorts

fiebre

griep

gripe

diarree

diarrea

hoofdpijn

dolor de cabeza

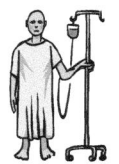

kanker

cáncer

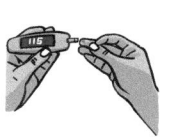

diabetes

diabetes

chirurg

cirujano

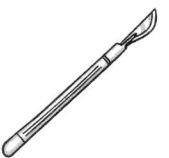

scalpel

bisturí

operatie

operación

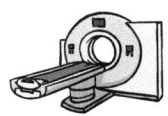

CT
TAC

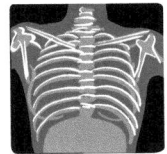

röntgenstraal
rayos x

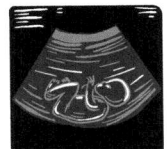

ultrageluid
ultrasonido

gezichtsmasker
mascarilla

ziekte
enfermedad

wachtkamer
sala de espera

kruk
muleta

pleister
tirita

verband
venda

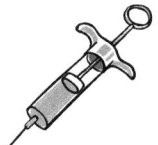

injectie
inyección

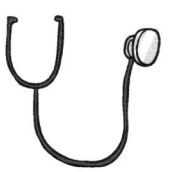

stethoscoop
estetoscopio

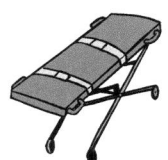

brancard
camilla

thermometer
termómetro

geboorte
nacimiento

overgewicht
sobrepeso

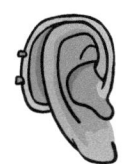

hooraparaat

audífono

ontsmettingsmiddel

desinfectante

infectie

infección

virus

virus

HIV / AIDS

VIH / SIDA

medicijn

medicina

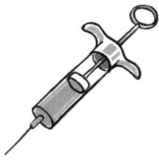

vaccinatie

vacunación

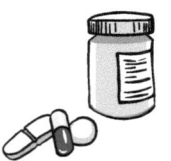

tabletten

tabletas

pil

pastilla

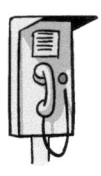

noodoproep

llamada de urgencia

bloeddrukmeter

tensiómetro

ziek / gezond

enfermo / sano

Help!

¡Socorro!

alarm

alarma

overval

asalto

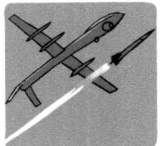

aanval

ataque

gevaar

peligro

nooduitgang

salida de emergencia

Brand!

¡Fuego!

brandblusser

extintor de incendios

ongeval

accidente

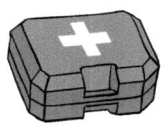

EHBO-kit

botiquín de primeros auxilios

SOS

SOS

politie

policía

Europa

Europa

Noord-Amerika

Norteamérica

Zuid-Amerika

Sudamérica

Afrika

África

Azië

Asia

Australië

Australia

Atlantische Oceaan

Atlántico

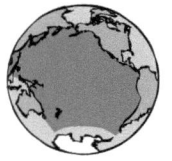

Stille Oceaan

Pacífico

Indische Oceaan

Océano Índico

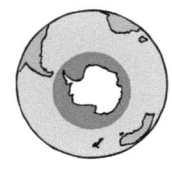

Antarctische Oceaan

Océano Antártico

Arctische Oceaan

Océano Ártico

Noordpool

polo norte

Zuidpool

polo sur

Antarctica

Antártida

aarde

tierra

land

tierra

zee

mar

eiland

isla

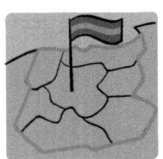

natie

nación

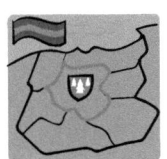

staat

estado

aarde - tierra

wijzerplaat
esfera

uurwijzer
manecilla de las horas

minuutwijzer
minutero

secondewijzer
segundero

Hoe laat is het?
¿Qué hora es?

dag
día

tijd
tiempo

nu
ahora

digitale horloge
reloj digital

minuut
minuto

uur
hora

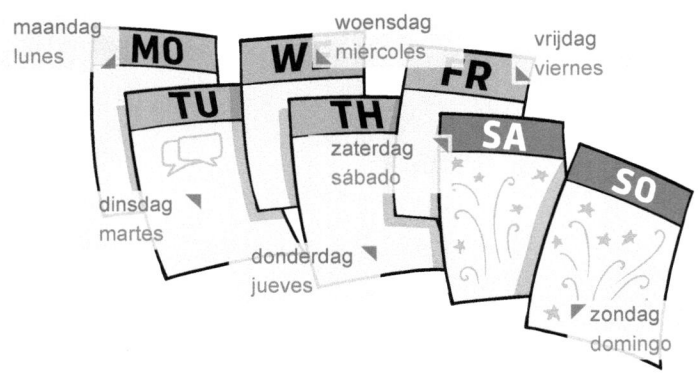

maandag / lunes — MO
dinsdag / martes — TU
woensdag / miércoles — W
donderdag / jueves — TH
vrijdag / viernes — FR
zaterdag / sábado — SA
zondag / domingo — SO

gisteren
ayer

vandaag
hoy

morgen
mañana

ochtend
mañana

middag
mediodía

avond
tarde

MO	TU	WE	TH	FR	SA	SU
1	2	3	4	5	6	7
8	9	10	11	12	13	14
15	16	17	18	19	20	21
22	23	24	25	26	27	28
29	30	31	1	2	3	4

werkdagen
días laborables

MO	TU	WE	TH	FR	SA	SU
1	2	3	4	5	6	7
8	9	10	11	12	13	14
15	16	17	18	19	20	21
22	23	24	25	26	27	28
29	30	31	1	2	3	4

weekend
fin de semana

jaar

año

regen
lluvia
regenboog
arcoíris
wind
viento
sneeuw
nieve
lente
primavera
zomer
verano
herfst
otoño
winter
invierno

4.APRIL 11°
5.APRIL 4°
6.APRIL 13°
7.APRIL 8°
8.APRIL 10°

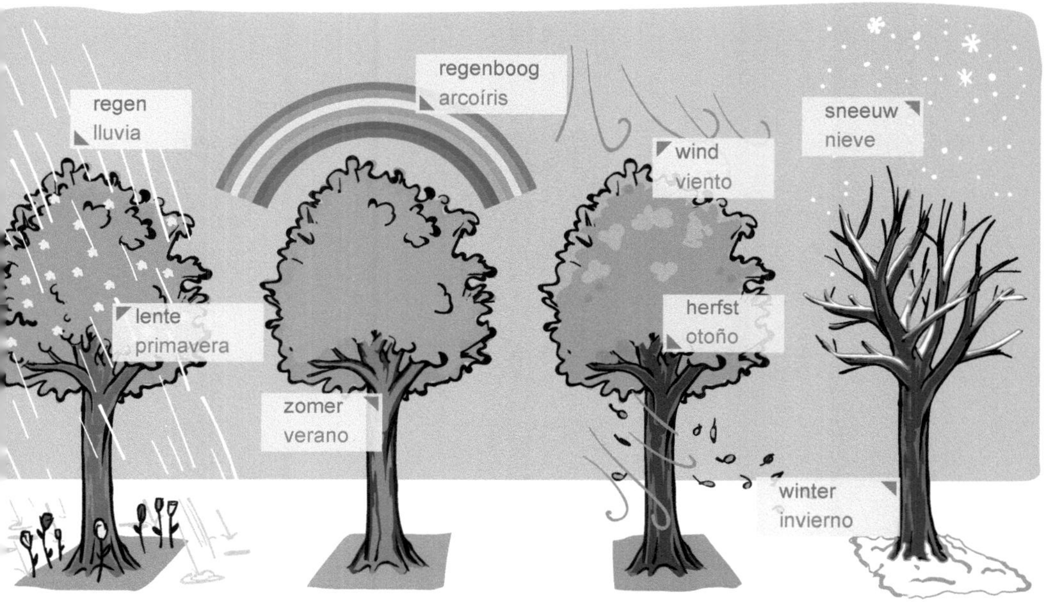

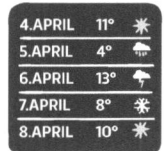

weervoorspelling

pronóstico del tiempo

F
C
120
90
60
30
0
-30
40
30
20
10
0
-10
-20

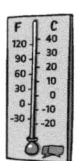

thermometer

termómetro

zonneschijn

sol

wolk

nube

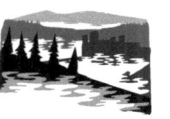

mist

niebla

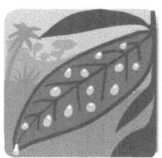

vochtigheid

humedad

bliksem

rayo

donder

trueno

storm

tormenta

hagel

granizo

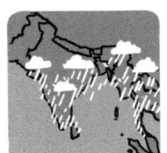

moesson

monzón

overstroming

inundación

ijs

hielo

januari

enero

februari

febrero

maart

marzo

april

abril

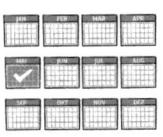

mei

mayo

juni

junio

juli

julio

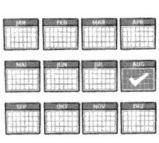

augustus

agosto

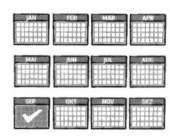

september
septiembre

oktober
octubre

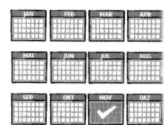

november
noviembre

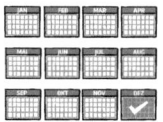

december
diciembre

vormen
formas

cirkel
círculo

kwadraat
cuadrado

rechthoek
rectángulo

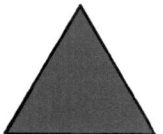

driehoek
triángulo

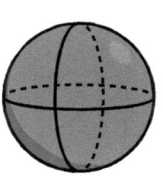

bol
esfera

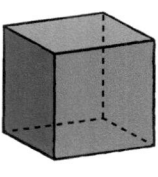

kubus
cubo

wit

blanco

geel

amarillo

oranje

anaranjado

roze

rosa

rood

rojo

paars

morado

blauw

azul

groen

verde

bruin

marrón

grijs

gris

zwart

negro

veel / weinig

mucho / poco

boos / kalm

enojado / tranquilo

mooi / lelijk

bonito / feo

begin / einde

principio / fin

groot / klein

grande / pequeño

licht / donker

claro / oscuro

broer / zus

hermano / hermana

proper / vuil

limpio / sucio

volledig / onvolledig

completo / incompleto

dag / nacht

día / noche

dood / levend

muerto / vivo

breed / smal

ancho / estrechc

eetbaar / oneetbaar

comestible / no comestible

kwaadaardig / vriendelijk

malo / amable

opgewonden / verveeld

entusiasmado / aburrido

dik / dun

gordo / delgado

eerst / laatst

primero / último

vriend / vijand

amigo / enemigo

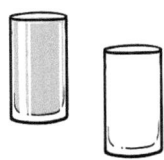

vol / leeg

lleno / vacío

hard / zacht

duro / blando

zwaar / licht

pesado / ligero

honger / dorst

hambre / sed

ziek / gezond

enfermo / sano

illegaal / legaal

ilegal / legal

intelligent / dom

inteligente / tonto

links / rechts

izquierda / derecha

dichtbij / veraf

cerca / lejos

nieuw / gebruikt

nuevo / usado

niets / iets

nada / algo

oud / jong

viejo / joven

aan / uit

encendido / apagado

open / dicht

abierto / cerrado

stil / luid

silencioso / ruidoso

rijk / arm

rico / pobre

juist / fout

correcto / incorrecto

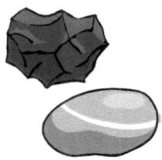

ruw / glad

áspero / suave

droevig / blij

triste / contento

kort / lang

corto / largo

traag / snel

lento / rápido

nat / droog

húmedo / seco

warm / koud

cálido / frío

oorlog / vrede

guerra / paz

0

nul

cero

1

één

uno

2

twee

dos

3

drie

tres

4

vier

cuatro

5

vijf

cinco

6

zes

seis

7

zeven

siete

8

acht

ocho

9

negen

nueve

10

tien

diez

11

elf

once

12

twaalf

doce

13

dertien

trece

14

veertien

catorce

15

vijftien

quince

16

zestien

dieciséis

17

zeventien

diecisiete

18

achtien

dieciocho

19

negentien

diecinueve

20

twintig

veinte

100

honderd

cien

1.000

duizend

mil

1.000.000

miljoen

millón

cijfers - números

Engels

inglés

Amerikaans Engels

inglés americano

Chinees (Mandarijn)

chino mandarín

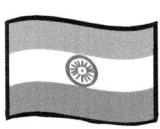

Hindi

hindi

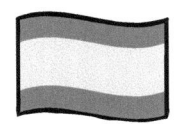

Spaans

español

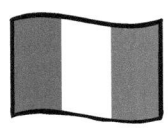

Frans

francés

Arabisch

árabe

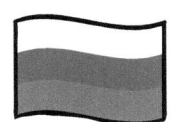

Russisch

ruso

Portugees

portugués

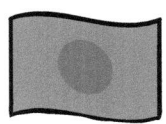

Bengali

bengalí

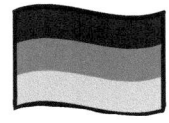

Duits

alemán

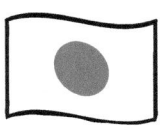

Japans

japonés

ik
yo

u
tú

hij / zij / het
él / ella / ello

wij
nosotros/as

u
vosotros/as

ze
ellos/as

wie?
¿quién?

wat?
¿qué?

hoe?
¿cómo?

waar?
¿dónde?

wanneer?
¿cuándo?

naam
nombre

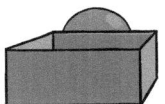

achter

detrás

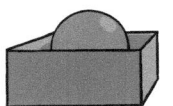

in

en

voor

delante de

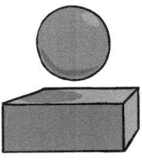

boven

por encima de

op

sobre

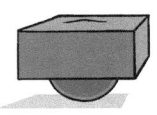

onder

debajo de

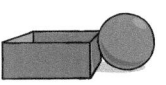

naast

junto a

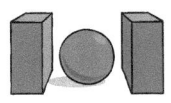

tussen

entre

plaats

lugar